みんなが
ハッピー！

レクリエーションアイデア4

キャンプファイヤーレク

監修
蒲地啓子
（帝京大学大学院教職研究科 客員准教授）
土井 純
（横浜市立綱島東小学校長）
横浜市児童指導教育研究会

この本で紹介しているレクリエーションは、「子どもの社会的スキル横浜プログラム（Y-P）」をもとにつくられたものです。

レクリエーションって何だろう？

レクリエーション（レク）は、学校やクラスの雰囲気《ふんいき》をよくしたり、より仲《なか》よくなったりするためのアクティビティのこと。楽しく盛《も》り上がるのはもちろん、その中で起きる交流をとても大切にしています。

レクは、本来、そこに集まった人たちの緊張《きんちょう》や不安《ふあん》を取り去り、リラックスして活動しやすくするためのものです。楽しく和《なご》やかな雰囲気《ふんいき》のなかで、人と協力《きょうりょく》しつながりを深め合い、たがいが大事な友達《ともだち》であることを感じる場でもあります。

ですから、レクをやってみようとこの本を開いたみなさんは、そのレクに参加《さんか》するすべての人が安心して笑《わら》い合い、楽しい場として感じることができるように、心がけてみてくださいね。そして、とくにレク係さんは、それをリードできるよう、チャレンジしてください。

楽しいレクの時間になることを応援《おうえん》しています！

キャンプファイヤーレクって？

この巻《かん》では、自然《しぜん》学校などで行われるキャンプファイヤーのときに楽しめるレクをしょうかいしています。火のぬくもりを感じ、自然《しぜん》に囲《かこ》まれながら行うレクは、仲《なか》間《ま》とのきずながぐっと深まる特別《とくべつ》なもの。いつもとちがう環境《かんきょう》の中で、身も心ものびのびと解放《かいほう》し、レクを楽しみましょう。

キャンプファイヤーレクのポイントは P.7へ

☆ このシリーズのレクのとくちょう

この本は、だれもが楽しめる、そして安心して活動に参加《さんか》できるレクのプログラムを集めました。レクに参加《さんか》するすべての人にとって、いやな思いや不安《ふあん》な思いをすることのないように、内容《ないよう》や手順《てじゅん》を考えてあります。

また、レクを全員が楽しみ、うまく進められるように、どのレクにも共通《きょうつう》して、「暴力《ぼうりょく》 NO」「パス OK」「持ち出し禁止《きんし》」という「3つの基本《きほん》ルール」を設《もう》けました。必《かなら》ず全員が理解《りかい》した上で行いましょう。これを全員が守ることによって、だれもが安心して豊《ゆた》かなコミュニケーションを楽しむことができるのです。

☆ 3つの基本《きほん》ルール

1 心も体も！ 「暴力《ぼうりょく》」はNO！

人の体や心を傷付《きずつ》けること、たとえば相手がいやだと思うことばや、無視《むし》、人によって反応《はんのう》を変《か》える等も絶対《ぜったい》にしてはなりません。**そこにいるだれも傷付《きずつ》けないことを考えて行動します。**

2 無理《むり》なく楽しもう パスしてもOK！

苦手なことや不安《ふあん》なことがあり、参加《さんか》したくない人は**「パス」と言って見ているだけの参加《さんか》も OK** です。**見ているうちに「やってみたい」と思えば、途中《とちゅう》からの参加《さんか》もできます。**レクは無理《むり》に参加《さんか》しなければいけないものではありません。

3 ほかでは話さない！ 持ち出し禁止《きんし》！

レクを心から楽しんだり、普段《ふだん》とちがう自分を表現《ひょうげん》したりするために、「この場のことは、この場だけのこと」として、**よそでは話題にしません。**悪気はなくても別《べつ》の機会《きかい》や、ほかの人との話題に出されるのは、いやだと思う人もいます。

★ 指導者のみなさんへ

このレクリエーションプログラム集は「子どもの社会的スキル横浜プログラム（Y-P）」をベースにして作成されています。本来は、教師が教室で実践するものですが、子ども達の力でもできるようにていねいに解説を加えてあります。子ども達が実施するに当たっては、先生方がレク係となる子ども達の力や、参加対象となる子ども達の状況を見極めたうえで支援していただくことが大切です。このレクリエーションプログラム集の理念と、この本で紹介しているレクについての指導者の指導のポイントを、P.44にくわしく掲載しています。お読みいただき、参加する全ての子どもが、安心して楽しく豊かなレクリエーションの時間を楽しむことができるよう、ご支援ください。

「子どもの社会的スキル横浜プログラム(Y-P)」とは

子どもたちの社会的スキルを育て温かな学校・学級風土を醸成することを目的としたプログラム。横浜市教育委員会がいじめや不登校対策として作成したガイダンスプログラム（集団で行う生徒指導プログラム）です。

もくじ

この本の使い方

レクのしょうかいページ

本文は、そのまま読み上げれば、参加者《さんかしゃ》への説明《せつめい》に使えます。

ねらい
レクを通して経験《けいけん》できること、身につけられることをしょうかいしています。

二次元コード
レクの説明《せつめい》をするときに便利《べんり》なスライドを PDF 形式でダウンロードできます。

あそびかた
レクのあそびかたについて、順《じゅん》を追ってくわしくしょうかいしています。

スライド番号
この番号が、スライドの右上の番号になっています。スライドの使い方はこのページのいちばん下を見てください。

人数
レクをする人数の目安です。

時間
レクにかかる時間の目安です。

準備《じゅんび》
準備《じゅんび》のあり・なしはここをチェック。

場所
そのレクをするのに向いている場所です。

たとえばこんな感じ
レク係が見本を見せる場面を示《しめ》しています。

楽しくなるコツ
ほかの人への声のかけ方や、アレンジして楽しむアイデアなど、レクを楽しむコツがわかります。

使うもの
レクをするために必要《ひつよう》なものです。必《かなら》ずチェックしましょう。シートを使う場合は、P.48からダウンロードしたり、コピーしたりします。

準備《じゅんび》
レクの前に済《す》ませておく準備《じゅんび》です。道具やシートの配り方、みんなに知らせておくことなどが書いてあるので、必《かなら》ずチェックしましょう。

3つの基本《きほん》ルール
レクを安心・安全に楽しむために必《かなら》ず守るべき、3つのルールです。
→3つの基本《きほん》ルールについては、P. 3を見ましょう。

レク用シート

「鳴き声集まり」(P.30) や「仲間《なかま》を見つけよう」(P.40) など、紙を使うレクには、専用《せんよう》のシートを用意しています。二次元コードからダウンロードしてプリントするか、この本をコピーして使いましょう。

二次元コード
レク用シートの二次元コードです。シートをダウンロードすることができます。

切り取り線
点線がある場合は、線に沿《そ》ってはさみやカッターで切り取りましょう。

スライドの使い方

❶ダウンロードしよう
この本ではすべてのレクに説明《せつめい》用スライドを用意しています。二次元コードを読み込《こ》み、ダウンロードして保存《ほぞん》しましょう。
以下《いか》のURLからもダウンロードできます。
https://www.poplar.co.jp/pr/recreation-idea/

❷見せながら説明《せつめい》しよう
レクのあそびかたを説明《せつめい》するとき、スライドをタブレットの画面に表示《ひょうじ》させてみんなに見せたり、モニターに映《うつ》すなど、共有《きょうゆう》しながら話すと、より伝《つた》わりやすくなります。

❸状況に合わせてアレンジしよう
文章がグレーになっている部分は、参加《さんか》する人数や様子などに合わせて変更《へんこう》できます。入力するときは半角数字を使いましょう。

\\ レク係さんは必《かなら》ず読もう！ //

レクをやってみよう！

キャンプファイヤーレクを計画してみるよ！

レクの時間を計画したり、仕切ったりするレク係さんの大事なポイントをしょうかいします。

1 レクを選《えら》ぼう

レクをする人数や使える時間、場所などを確認《かくにん》しましょう。使うものや準備《じゅんび》のあり・なしもチェックしてください。P.8のチャートや、P.46の早見表からレクを選《えら》ぶのもおすすめです。

2 レク係の中でも役割分担《やくわりぶんたん》しよう！

司会《しかい》進行役のリーダーのほか、使うものを配る係、時間を計測《けいそく》する係、レクによっては審判《しんぱん》や参加《さんか》者を見守る係などを決めておくと、レクがスムーズに実行できます。

3 説明《せつめい》の練習をしよう！

参加《さんか》者にレクのやり方をきちんと伝《つた》えるために、事前に説明《せつめい》の練習をしましょう。この本の文章をそのまま読み上げたり、スライドを使ってイラストを見せたりしながら説明《せつめい》します。

☆たとえばこんな感じです。と書かれているところは、レク係が見本を見せる場面です。参加《さんか》者に伝《つた》わるように、大きく声を出したり動いたりするといいでしょう。

レク係で事前にレクをひと通りやってみて、全体の流れや、みんながとまどいそうなところを知っておくことも大事です。

4 「もしも」に備《そな》えよう

レク中に起こりそうなハプニングなどに備《そな》えて、そのときにどうすればいいかを、以下《いか》の例《れい》を参考《さんこう》にみんなで話し合っておきましょう。

★本に書いてある人数より、メンバーが少ない班《はん》ができたら
⇒レク係がその班《はん》に入って補《おぎな》う。

★参加《さんか》したいのにできなさそうな人がいたら
⇒なるべくみんなに気づかれないように、そっと声をかける。

★使う物が足りなくなったら
⇒そうならないために、事前に多めに用意しておく。

★時間が足りなくなりそうなら
⇒途中《とちゅう》で省略《しょうりゃく》できるところを考えておく。

5 先生に必《かなら》ず相談・報告《ほうこく》しよう

レクの時間は、学習時間のひとつ。行うレクや必要《ひつよう》な準備《じゅんび》など、必《かなら》ず先生に報告《ほうこく》しましょう。レクは先生がいるところで行うことが基本。トラブルが起きたときは、レク係だけで解決《かいけつ》しようとせず、先生に相談することが大切です。

片《かた》づけも忘《わす》れずに！

使ったものを片《かた》づけるのはもちろん、キャンプファイヤーの会場で配ったカードなどは、必《かなら》ず回収《かいしゅう》しておきましょう。

キャンプファイヤーレクのポイント

思い出づくりのために準備《じゅんび》や練習をぬかりなく！

キャンプファイヤーは、多くの人にとって特別《とくべつ》な思い出になります。その思い出づくりの大事な役《やく》割《わり》を担《にな》っているのがレク係のみなさんです。使うもののチェックを念《ねん》入りにしたり、屋外でも声が通るように説明《せつめい》の練習をしたりするからこそ、レク係のみなさんにとっても一生忘《わす》れられない思い出になるはずです。

火への注意をみんなに呼《よ》びかけて

キャンプファイヤーレクは火を囲《かこ》んで過《す》ごす楽しい時間です。盛《も》り上がりすぎて、思わず火に近づきけがにつながることがないようにしましょう。レク係はレクが始まる前や最中《さいちゅう》にも、みんなへ注意を呼《よ》びかけましょう。

ぴったりのレクを選《えら》ぼう！

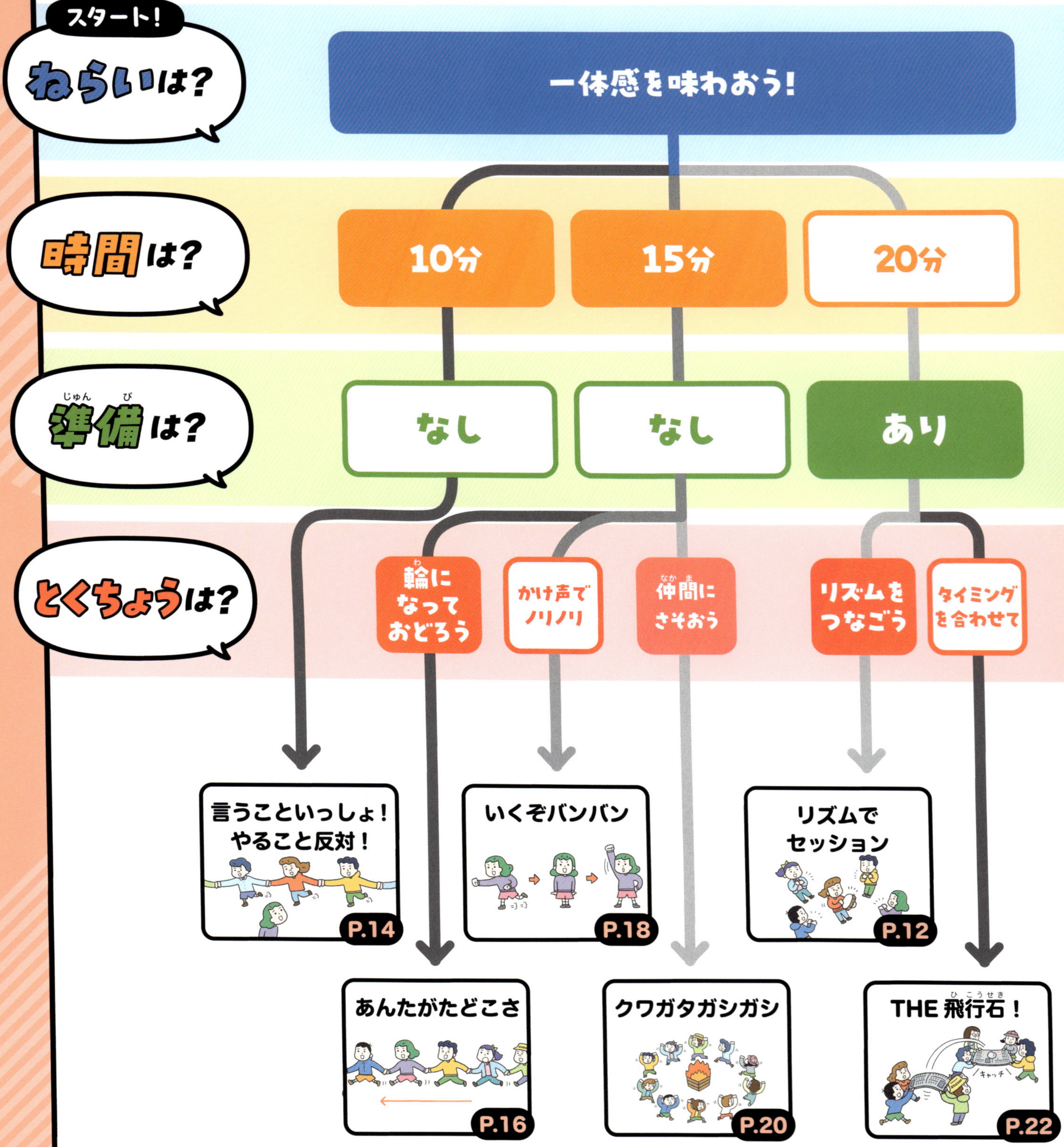

この本では、キャンプファイヤーにおすすめの15のレクリエーションをしょうかいしています。この表では、レクのねらいや、かかる時間の目安、準備《じゅんび》のあり・なしを選《えら》ぶだけで、条件《じょうけん》に合うレクがすぐにわかります。さあ、チャレンジしてみましょう！

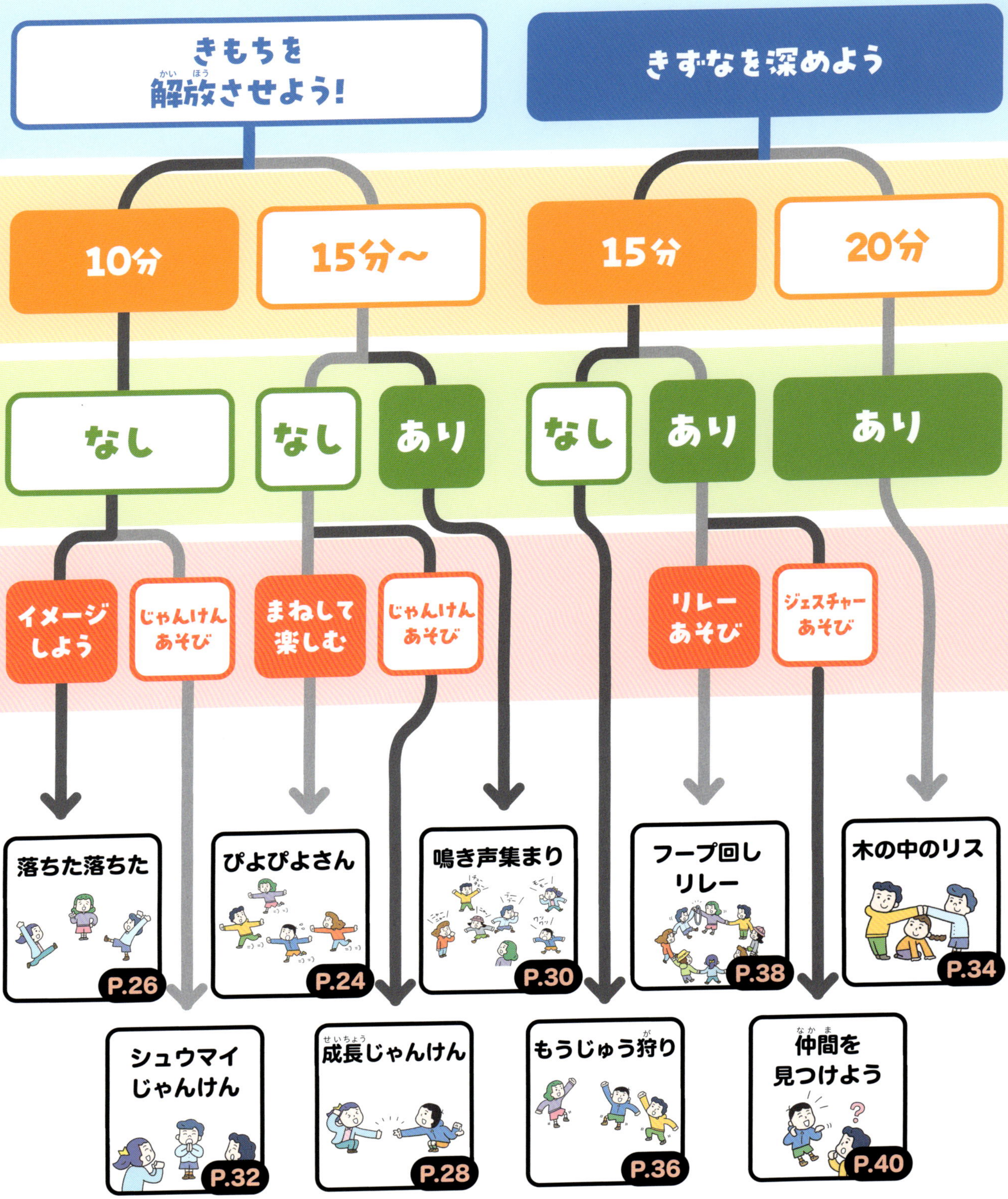

キャンプファイヤーレクを成功《せいこう》させよう!

キャンプファイヤーは、学校生活のさまざまな行事の中でも特別《とくべつ》なもの。みんなにとってすてきな思い出になるように、キャンプファイヤーの流れを知り、レク係はどんなレクで組み立てるかをレク係どうしや先生と話し合っておきましょう。

キャンプファイヤーの流れ

第1部（はじめ）

点火のセレモニー

参加《さんか》者がキャンプファイヤーを行う広場に入場したら、先生や係がたいまつでキャンプファイヤーに火をつける儀式《ぎしき》を行います。神様から火を受け取る劇《げき》などを行う場合もあります。

第2部（なか）

レクタイム

キャンプファイヤーのメインの時間です。4～6つのレクを準備《じゅんび》しましょう。最初《さいしょ》は緊張《きんちょう》感をほぐすレク、次にいろいろな人とのかかわりを楽しむレク、最後《さいご》はみんなで体を思い切り動かすレクなど、盛《も》り上がりに合わせて順番《じゅんばん》を決めるのがおすすめです。また、そのレクの終わりの位置《いち》が、次のレクの始まりの位置《いち》になるなど、レクごとに並《なら》び直さなくてよい順番《じゅんばん》にするとスムーズです。

スタート! → **もっと楽しく!** → **盛《も》り上がろう!**

スタート!
参加《さんか》者の緊張《きんちょう》感をほぐすようなレクを選《えら》びます。

もっと楽しく!
いろいろな人と交流できるようなレクにします。

盛《も》り上がろう!
体も心も解放《かいほう》して、みんなで一体感を感じながら盛《も》り上がるレクにします。

☆例《れい》

あんたがたどこさ
（P.16）

↓

落ちた落ちた
（P.26）

↗

クワガタガシガシ
（P.20）

↓

シュウマイじゃんけん
（P.32）

↗

ぴよぴよさん
（P.24）

↓

いくぞバンバン
（P.18）

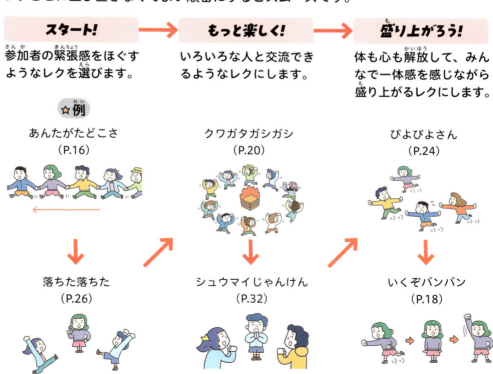

第3部（おわり）

鎮火《ちんか》のセレモニー

先生がキャンプファイヤーの火を小さくします。きもちを落ち着かせるために合唱《がっしょう》し、最《さい》後《ご》はみんなでハミングします。参加《さんか》者はキャンプファイヤーの会場から退場《たいじょう》します。

レク係の仕事いろいろ

総合司会《そうごうしかい》

レクタイム全体の進行をします。全体の流れの説《せつ》明《めい》などを行います。

火の子

点火のセレモニーで、たいまつを持ち、先生から火を受け取り、点火を手《て》伝《つだ》います。

各《かく》レクのリーダー

各《かく》レクにリーダーを設《もう》け、進行や説明《せつめい》を行います。そのレクで使う道具などの準備《じゅんび》もします。

キャンプファイヤーの思い出をまとめよう

宿泊施設《しゅくはくしせつ》にもどったあと、活動のふり返りの時間に班《はん》の友達《ともだち》への感謝《かんしゃ》のきもちをカードにします。別《べつ》の日に学校で交換《こうかん》会を行います。

宿泊施設《しゅくはくしせつ》で使うもの・準備《じゅんび》

★ P.48のお花カード…班《はん》の人数分
色画用紙のサイズに合わせて拡大《かくだい》（A5→A4、またはA5→B4）コピーする。
班《はん》の人数に合わせて色は4～5種《しゅ》にする。

交換《こうかん》会で使うもの・準備《じゅんび》

★ P.48の台紙…班《はん》の人数分
お花カードの拡大率《かくだいりつ》に合わせてコピーする。

★ はさみ…1つ

★ のり…1つ

1 お花カードをつくる

みんなが同じ数のお花カードをもらえるように、必《かなら》ず班《はん》の友達《ともだち》全員分に感謝《かんしゃ》のきもちを書き、先生にシートごと預《あず》ける。

2 交換《こうかん》会をする

別の日に学校で先生からシートごと受け取り、はさみで切り取って班《はん》のみんなで交換《こうかん》する。

3 台紙にはる

班《はん》の友達《ともだち》から受け取ったお花カードは台紙にはり、ふりかえりを書く。台紙にはるお花カードは、自分をのぞく班《はん》の人数分になる。

＊プリンタの機種《きしゅ》によって対応《たいおう》できる紙の厚《あつ》さがちがうので、確認《かくにん》しておきましょう

① ★ねらい★
一体感を味わおう！

リズムでセッション

どんなレク？

説明《せつめい》スライドはこちらから
⬇

ひとりがつくったリズムを、みんなでまねっこしてリレーしていきます。名前を呼《よ》び合うことで、普段《ふだん》あまり話さない人同士《どうし》も、声をかけやすい雰囲気《ふんいき》ができます。

☞スライド①

1班《はん》4～5人

20分くらい

準備《じゅんび》あり

広場や教室

リズムにのって
名前を呼《よ》び合おう！
タン　タン　タ・タ・タン
○○さん！

使うもの

★タンバリンや鈴《すず》などのたたいて鳴らす楽器《がっき》
…班《はん》の数分

準備《じゅんび》

★楽器《がっき》を１班《はん》に１つずつ配る。

☞スライド②

あそびかた

1

☆たとえば
タンタンタンタン
□□さん！
最初《さいしょ》の人

☞スライド③

4～5人で班《はん》をつくり、楽器《がっき》を囲《かこ》んで輪《わ》になって最初《さいしょ》の人を決めます。全員で手拍子《てびょうし》を４回してから、最《さい》初《しょ》の人の名前を呼《よ》びます。☆たとえばこんな感じです。

2

タンタカ タンタン！
☆たとえば
○○さん！

☞スライド④

最初《さいしょ》の人は楽器《がっき》を持ち、自分の好《す》きなリズムで楽器《がっき》をたたき、左どなりの人の名前を呼《よ》びます。☆たとえばこんな感じです。これをくり返します。

3

タンタカ
タンタン！
○○さん！

☞スライド⑤

次の人が出てくるまで、全員で最初《さいしょ》の人のリズムを手拍子《てびょうし》しながら、次の人の名前を呼《よ》ぶことをくり返します。

4

△△さん！
タンタカ
タンタカ
タンタン！

☞スライド⑥

次の人は、リズムを思いついたらキリのいいタイミングで、楽器《がっき》を受け取ります。新しいリズムで楽器《がっき》をたたき、次の人の名前を呼《よ》びましょう。前の人と同じリズムでも OK です。

5

タンタン
タンタン
□□さん！
タンタンタンタン
□□さん！

☞スライド⑦

これを最後《さいご》の人までくり返します。最後《さいご》の人はリズムをたたいたあと、最初《さいしょ》の人の名前を呼《よ》び、ほかの人もそれをくり返したら終わりです。最後《さいご》にみんなで拍手《はくしゅ》をしましょう。

楽しくなるコツ

慣《な》れるまではゆっくり、少しずつスピードアップ！

はじめはゆっくりしたテンポでやってみましょう。慣《な》れてきたら、テンポを少しずつ速くしてみましょう。また、名前を呼《よ》ぶ順番《じゅんばん》をランダムにすると、さらに難易度《なんいど》が上がります。 ☞スライド コツ

3つの基本《きほん》ルール
☞スライド ルール

1 ＼心も体も！／
「暴力《ぼうりょく》」はNO！
途中《とちゅう》で止まっても、まわりの人は急《せ》かさずに、やさしく待ちましょう。

2 ＼無理《むり》なく楽しもう／
パスしてもOK！
輪《わ》にいたままパスしてもOK。ほかの人はパスした人の名前を5のときに呼《よ》びましょう。

3 ＼ほかで話さない！／
持ち出し禁止《きんし》！
友達《ともだち》の様子など、レク中のことは、レクが終わったら話しません。

→３つの基本《きほん》ルールについては、P.３を見ましょう。

② ★ねらい★
一体感を味わおう！

言うこといっしょ！やること反対！

説明《せつめい》スライドは
こちらから
↓

どんなレク？

レク係のかけ声と同じことを声に出しつつ、反対の動きをします。だんだん混乱《こんらん》してきますが、まちがえるほど、さらに楽しくなるふしぎなレクです。

スライド①

5人以上《いじょう》

10分くらい

準備《じゅんび》なし

広場や校庭

反対の動きができるかな？
くり返すほど大混乱《こんらん》！
言うこといっしょ！
やること反対！

あそびかた

5人以上《いじょう》で班《はん》をつくり、全員で手をつないで輪《わ》になったら、レク係が輪《わ》の中心で「言うことといっしょ！やること反対！」と言います。ほかの人も後に続《つづ》いてくり返します。

次に、レク係が「まーえ！」とかけ声をかけます。

ほかの人は「まーえ！」と言いながら、かけ声とは反対に、後ろに一歩下がります。☆たとえばこんな感じです。

レク係が続《つづ》けて、「まーえ！」「うしろ！」とかけ声をかけます。そのたびに同じかけ声をかけながら、反対の動きをしましょう。

慣《な》れてきたら「右」「左」などをまぜてみましょう。「ジャンプ」と言ったら、ほかの人はその場でしゃがむなど、少しずつレベルをアップさせても OK です。

楽しくなる コツ

練習してから始めよう！

最初《さいしょ》に動き方を練習してから始めましょう。難《むずか》しい場合は、手をはなして動いても OK です。慣《な》れたら手をつないでスタートしましょう。

スライド コツ

3つの基本《きほん》ルール
スライド ルール

1 ＼心も体も！／「暴力《ぼうりょく》」はNO！
動きをまちがえた人がいても責《せ》めたり、からかったりしてはいけません。

2 ＼無理《むり》なく楽しもう／パスしてもOK！
参加《さんか》が難《むずか》しい人は、輪《わ》の外でかけ声だけ参加《さんか》したり、見学したりしても OK です。

3 ＼ほかで話さない！／持ち出し禁止《きんし》！
友達《ともだち》の様子や失敗《しっぱい》など、レク中のことは、レクが終わったら話しません。

→ 3 つの基本《きほん》ルールについては、P. 3 を見ましょう。

③ ★ねらい★ 一体感を味わおう！

あんたがたどこさ

説明《せつめい》スライドはこちらから
↓

どんなレク？

みんなで手をつなぎ『あんたがたどこさ』の歌に合わせて、右へ左へと動きます。かんたんそうで、実は難《むずか》しいこのレク。みんなで息を合わせて、最後《さいご》まで歌い切りましょう！

スライド①

5人以上《いじょう》

15分くらい

準備《じゅんび》なし

広場や校庭

あそびかた

1

たき火を中心に全員で輪《わ》になります。『あんたがたどこさ』を、歌詞《かし》の中の「さ」のときに手拍子《てびょうし》をしながら最後《さいご》まで歌います。

2

次に本番です。全員手をつなぎ、レク係の合図で『あんたがたどこさ』を歌いながら、時計回りに歩きます。

3

歌詞《かし》に「さ」が出てきたら、逆《ぎゃく》の方向に歩きます。歌はそのまま続《つづ》けましょう。また歌詞《かし》に「さ」が出てきたら、もとの方向に動きます。

4

これをくり返して、最後《さいご》まで歌えたらみんなで拍手《はくしゅ》をしましょう。

「あんたがたどこさ」（わらべうた）

あんたがたどこさ	肥後《ひご》さ	肥後《ひご》どこさ	熊本《くまもと》さ	熊本《くまもと》どこさ	せんばさ
時計回り	逆《ぎゃく》回り	時計回り	逆《ぎゃく》回り	時計回り	逆《ぎゃく》回り

せんば山にはたぬきがおってさ	それを猟師《りょうし》が鉄砲《てっぽう》で撃《う》ってさ
時計回り	逆《ぎゃく》回り

にてさ	焼《や》いてさ	食ってさ	それを木の葉でちょいとかぶせ
時計回り	逆《ぎゃく》回り	時計回り	逆《ぎゃく》回り

このページやスライド⑥をプリントしてみんなに配ってもいいね！

スライド⑥

3つの基本《きほん》ルール
スライド ルール

1 ＼心も体も！／
「暴力《ぼうりょく》」はNO！
引っぱったり、おしたりしてはいけません。また、まちがえた人がいても責《せ》めてはいけません。

2 ＼無理《むり》なく楽しもう／
パスしてもOK！
難《むずか》しい場合は、輪《わ》の外から歌だけ参加《さんか》しても OK です。

3 ＼ほかで話さない！／
持ち出し禁止《きんし》！
友達《ともだち》の様子や歌い方など、レク中のことは、レクが終わったら話しません。

→3 つの基本《きほん》ルールについては、P. 3 を見ましょう。

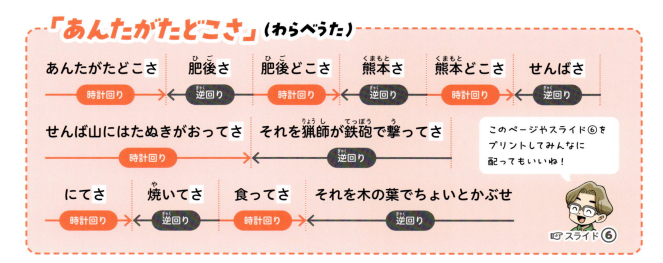

④ ★ねらい★
一体感を味わおう！

いくぞ バンバン

説明《せつめい》スライドはこちらから
⬇

どんなレク？

かけ声に合わせて、手や足をたたいたり、片足《かたあし》立ちでトントンと動いたり。かけ声と動きが合わさって、キャンプファイヤーを盛《も》り上げます。 ☞スライド①

5人以上《いじょう》

15分くらい

準備《じゅんび》なし

広場や校庭

ふしぎなかけ声と動きで盛《も》り上がる！

あそびかた

1

まずはみんなで、たき火を中心に輪《わ》になります。

2

レク係が「バンバン、いくぞー！」と言ったら、ほかの人はこぶしをあげながら、「おー！」と言います。

3

みんなでこんな風に「バンバン ババンバ …」と言いながら、太ももをポンポンとたたきます。最後《さいご》に「ウ！」と言って、こぶしをあげましょう。 ☆たとえばこんな感じです。

4

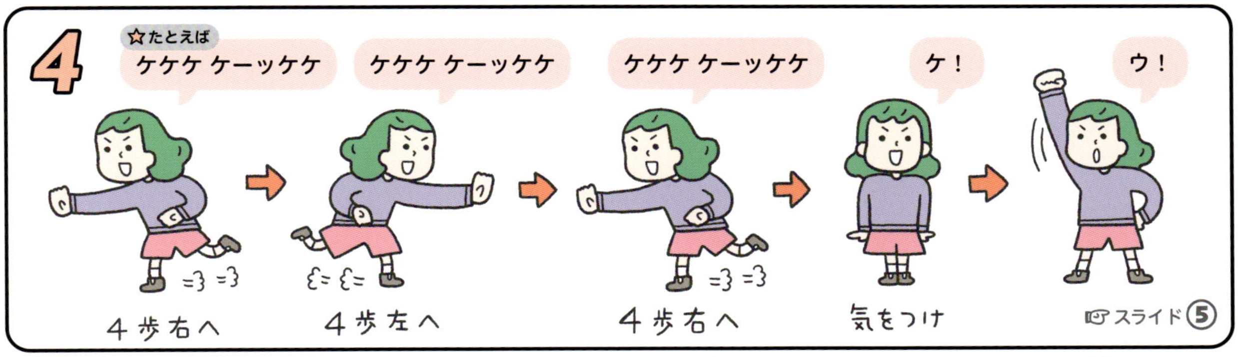

次にこんな風に「ケケケ…」と言いながら、片足《かたあし》立ちになり、片《かた》うでをのばし、もう一方のうでは胸《むね》の前で曲げて歌舞伎《かぶき》役者のようなポーズになります。左右にケンケンで移動《いどう》しながら、最後《さいご》に「ウ！」と言って、こぶしをあげましょう。 ☆たとえばこんな感じです。 ゆっくりとしたテンポから始めて、少しずつテンポを上げていきましょう。

3つの基本《きほん》ルール
スライド ルール

1 ＼心も体も！／
「暴力《ぼうりょく》」はNO！
急にテンポを上げると、けがをしてしまうかもしれません。レク係のテンポに合わせましょう。

2 ＼無理《むり》なく楽しもう／
パスしてもOK！
テンポに合わせて動くのが難《むずか》しい人は、歌だけ参加《さんか》してもOKです。

3 ＼ほかで話さない！／
持ち出し禁止《きんし》！
友達《ともだち》の様子など、レク中のことは、レクが終わったら話しません。

→３つの基本《きほん》ルールについては、P. 3 を見ましょう。

⑤ ★ねらい★
一体感を味わおう！

クワガタガシガシ

説明《せつめい》スライドはこちらから
⬇

どんなレク？

「あなたもクワガタ！」と言われた人はみんなクワガタに！「クワガタガシガシ」の声が大きくなるころには、みんなが笑《え》顔《がお》になっています。

☞スライド①

5人以《い》上《じょう》

15分くらい

準《じゅん》備《び》なし

広場や校庭

あなたもわたしも！
み〜んなクワガタ！
あなたも
クワガタ！

あそびかた

まずはレク係がクワガタをやります。クワガタ以外《いがい》の人はたき火を中心に全員で輪《わ》になります。

レク係が両手を上げて、クワガタの角のように動かし、こんなふうに言いながら歩き回ります。☆たとえばこんな感じです。みんなは拍手《はくしゅ》で迎《むか》えましょう。

レク係は「クワガタガシガシ…」とくり返しながら、「わたし」のときは自分を指さし、「あなた」のときは「あなたもクワガタ！」のところでだれかひとりを指さします。

指名された人はクワガタになって、レク係と同じように動き出します。3と同じように「わたし」のときは自分を指さし、「あなた」のときは「あなたもクワガタ！」のところでだれかひとりを指さします。

全員がクワガタになるまで、くり返します。全員がクワガタになったら、しばらくみんなで「クワガタガシガシ…」の動きとかけ声を続《つづ》けます。レク係が「あと１回！」と言ったら、最後《さいご》に大きな声でかけ声を言い、クワガタの動きをして終わりましょう。

楽しくなるコツ

輪《わ》をつくろう！

みんながクワガタになったら、レク係のゆうどうで輪《わ》になると盛《も》り上がります。

スライド コツ

3つの基本《きほん》ルール

スライド ルール

＼心も体も！／
1 「暴力《ぼうりょく》」はNO！
ほかの人の動きを笑《わら》ったりからかったりしません。それぞれの動きを楽しみましょう。

＼無理《むり》なく楽しもう／
2 パスしてもOK！
クワガタの動きをやりたくない人は、かけ声をかけながら歩きましょう。

＼ほかで話さない！／
3 持ち出し禁止《きんし》！
友達《ともだち》の様子など、このレク中のことはレクが終わったら話しません。

→３つの基本《きほん》ルールについては、P.３を見ましょう。

6 ★ねらい★
一体感を味わおう!

THE 飛《ひ》行《こう》石《せき》!

説明《せつめい》スライドは
こちらから

どんなレク?

新聞紙を丸めてつくった「飛行石《ひこうせき》」を、新聞紙にのせてリレーするレクです。仲間《なかま》と協力《きょうりょく》し合って飛行石《ひこうせき》をうまく移動《いどう》させましょう。

スライド①

1班《はん》4人

20分くらい

準備《じゅんび》あり

広場や校庭

班《はん》の力で「飛《ひ》行《こう》石《せき》」をリレーしよう!

使うもの

★ 新聞紙
…班《はん》の数×3枚《まい》
(予備《よび》で多めに持っていく)

★ 箱…5班《はん》につき1個《こ》くらい

準備《じゅんび》

★ 1班《はん》に1個《こ》、新聞紙を1枚《まい》丸めて「飛行石《ひこうせき》」をつくる。

★ 新聞紙を1班《はん》につき2枚《まい》、飛行石《ひこうせき》は1個《こ》ずつ配る。

★ 飛行石《ひこうせき》を回収《かいしゅう》するレク係を数人(5班《はん》につきひとりくらい)決める。そのレク係は箱を持つ。

スライド②

あそびかた

まず4人で班《はん》をつくります。4人で新聞紙を2枚《まい》重ねて持ち、飛行石《ひこうせき》をのせたら、たき火を囲《かこ》んで輪《わ》になりましょう。となりの班《はん》とは1mくらいはなれます。

まずは練習です。4人で息を合わせて、新聞紙を上下に動かし、飛行石《ひこうせき》を新聞紙の真上で飛《と》ばしたり、キャッチしたりします。みんなが飛行石《ひこうせき》のあつかいに慣《な》れたら、練習を終了《しゅうりょう》します。

次は本番です。レク係は3班《ぱん》ごとに1つを目安にスタート地点を決めます。スタート地点になった班以《はんい》外《がい》の飛行石《ひこうせき》は、レク係が回収《かいしゅう》します。

「スタート！」の合図で、スタート地点の班《はん》は新聞紙を動かし、となりの班《はん》に飛行石《ひこうせき》を飛《と》ばしましょう。となりの班《はん》は新聞紙でキャッチします。途中《とちゅう》で落ちたら、いちばん近くの人が拾《ひろ》ってやり直しましょう。

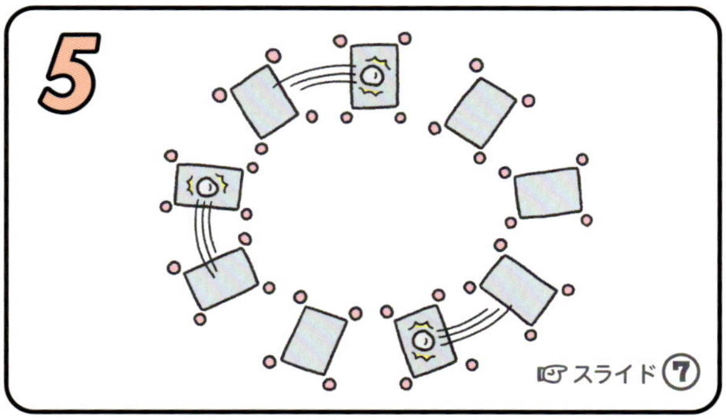

これをくり返して、飛行石《ひこうせき》を回します。1つの班《はん》が飛行石《ひこうせき》を5回くらい飛《と》ばしたら、レク係は「終了《しゅうりょう》です」と声をかけます。

⚠ 絶対《ぜったい》に新聞紙を火に入れてはいけません。飛行石《ひこうせき》が火の近くに落ちたら、先生に取ってもらいましょう。使い終わった新聞紙は必《かなら》ずレク係が回収《かいしゅう》します。

3つの基本《きほん》ルール
スライド ルール

1 \ 心も体も! /
「暴力《ぼうりょく》」はNO！
飛行石《ひこうせき》を落とした班《はん》がいても、責《せ》めてはいけません。

2 \ 無理《むり》なく楽しもう /
パスしてもOK！
苦手な場合は見学したり、飛行石《ひこうせき》をのせる係をしてもOKです。

3 \ ほかで話さない！/
持ち出し禁止《きんし》！
友達《ともだち》の様子や失敗《しっぱい》など、このレク中に起きたことは、レクが終わったら話しません。

→3つの基本《きほん》ルールについては、P.3を見ましょう。

⑦ ★ねらい★
きもちを解放《かいほう》させよう!

ぴよぴよさん

説明《せつめい》スライドは
こちらから
⬇

どんなレク?

リーダーの動きをまねっこしてあそぶレクです。思わず笑《わら》ってしまうようなゆかいなポーズを決めて、みんなで思いきり盛《も》り上がりましょう!

☞スライド①

- 5人以上《いじょう》
- 15分くらい
- 準備《じゅんび》なし
- 広場や校庭

自由なポーズで
爆《ばく》笑《しょう》まちがいなし!

あそびかた

レク係が前に出ます。ほかの人はぴよぴよさんです。レク係が見えるところに立ちましょう。

レク係が「ぴよぴよさん、ぴよぴよさん」と呼《よ》びかけたら、ほかの人は「なんですか？」と言います。

次にレク係が「こんなこと、こんなことできますか？」と言いながら、ポーズをとったり、動いたりします。

ほかの人は「こんなこと、こんなことできますよ！」と言って、レク係の動きをまねしましょう。

楽しくなるコツ

盛《も》り上がるポーズを考えよう！

ジャンプをしたり、動物のまねっこをしたり、有名人やキャラクターの決めポーズをしたり。楽しい動きを考えて、はずかしがらずに思いきりやってみましょう！

スライド コツ

これをくり返してあそびましょう。レク係の役割《やくわり》を途中《とちゅう》でほかの人に交代しても OK です。

3つの基本《きほん》ルール
スライド ルール

1 \ 心も体も！/ 「暴力《ぼうりょく》」はNO！
人のポーズや動きをからかったり、否定《ひてい》したりしません。

2 \ 無理《むり》なく楽しもう / パスしてもOK！
参加《さんか》が難《むずか》しい人は、かけ声だけ参《さん》加《か》しても OK です。

3 \ ほかで話さない！/ 持ち出し禁止《きんし》！
友達《ともだち》の様子など、レク中のことは、レクが終わったら話しません。

→ 3 つの基本《きほん》ルールについては、P. 3 を見ましょう。

8 ★ねらい★
きもちを解放《かいほう》させよう!

落ちた落ちた

説明《せつめい》スライドは
こちらから

どんなレク?

「落ーちた落ちた!」のかけ声で、落ちてくるいろいろなものにぴったりの動きをしてみましょう。オリジナルのジェスチャーをみんなで考えてあそぶのも楽しいですよ。

スライド①

5人以上《いじょう》

10分くらい

準備《じゅんび》なし

広場や教室

あそびかた

まずは全員で輪《わ》になってください。レク係が「落ーちた落ちた！」と言ったら、ほかの人は声をそろえて「なーにが落ちた！」と言います。

レク係は何が落ちたか言います。ほかの人はそれをキャッチしましょう。たとえば「りんご」と言ったら、「さっ！」と言いながら、両手を前に出します。 ☆たとえばこんな感じです。

「天井《てんじょう》」と言ったら、「よいしょー！」と言いながら、片足《かたあし》を一歩前に出し、天井《てんじょう》を支《ささ》えるように両手を突《つ》き上げます。 ☆たとえばこんな感じです。

「カミナリ」と言ったら、「きゃー！」と言いながら、両手でへそをかくしてしゃがみます。 ☆たとえばこんな感じです。

楽しくなるコツ

落ちたものはいろいろ!?

「ほっぺた」「成績《せいせき》」「ヘビ」「ゴキブリ」など、落ちたものは何でも OK。ポーズも自由です！

例《れい》 いがぐり
雨
流れ星
桜《さくら》の花びら
おすもうさん

スライド コツ

3つの基本《きほん》ルール スライド ルール

＼心も体も！／
1 「暴力《ぼうりょく》」はNO！
からかったり、人の動きを否定《ひてい》したりしてはいけません。

＼無理《むり》なく楽しもう／
2 パスしてもOK！
やれるものだけ参加《さんか》したり、そばで見ていたりしても OK です。

＼ほかで話さない！／
3 持ち出し禁止《きんし》！
友達《ともだち》の様子など、レク中のことは、レクが終わったら話しません。

→3つの基本《きほん》ルールについては、P.3を見ましょう。

⑨ ★ねらい★
きもちを解放《かいほう》させよう！

成長《せいちょう》 じゃんけん

説明《せつめい》スライドは
こちらから
↓

どんなレク？

勝つたびに、別《べつ》の動物に成《せい》長《ちょう》していくじゃんけんあそびです。それぞれの動物になりきれば、心も体ものびのび！ 普段《ふだん》話さない人とも、どんどんじゃんけんしてみましょう。 スライド①

6人以上《いじょう》

20分くらい

準備《じゅんび》なし

広場や校庭

あそびかた

1

手で頭をかかえながら体を丸めて歩く

しゃがんだまま手を小さくパタパタ

左右の手をくちばしと尾羽《おばね》のように動かす

顔の上と下で手を動かす

ふだんどおり歩く

スライド②

まずはみんなで、「たまご」「ヒヨコ」「ニワトリ」「サル」「人間」の５つのポーズを練習します。☆たとえばこんな感じです。

2

スライド③

ポーズをおぼえたらスタートです。たまごのポーズで歩き、近くの人とじゃんけんします。勝った人は、ひとつ成長《せいちょう》してヒヨコになります。負けた人は、たまごのまま、ほかのたまごの人を探《さが》してじゃんけんします。

3

スライド④

ヒヨコになった人は、同じくヒヨコになった人とじゃんけんができます。勝ったら、次はニワトリになります。負けたら、１つもどって、たまごからやり直しです。

4

スライド⑤

これをくり返し、ニワトリ、サル、人間と成長《せいちょう》していきましょう。最後《さいご》に人間どうしでじゃんけんをして、勝ったらあがりです。

楽しくなる コツ

「巣《す》」をつくっても OK

会場のどこかにスペシャルスポットの「巣《す》」をつくり、先生に親鳥になってもらいます。そこに入った人に、先生が頭をなでて「魔法《まほう》」をかけると、たまごの人はヒヨコへ、ヒヨコの人はニワトリへと成長できます。ただし、ニワトリ以上《いじょう》の人は成長できません。

スライド コツ

3つの基本《きほん》ルール
スライド ルール

＼心も体も！／
1 「暴力《ぼうりょく》」はNO！
最後《さいご》まで残《のこ》った人をからかわず、「ナイスファイト！」など、あたたかいことばをかけましょう。

＼無理《むり》なく楽しもう／
2 パスしてもOK！
難《むずか》しかったら「人間」のまま参加《さんか》します。また、つかれたら休けいやリタイアも OK です。

＼ほかで話さない！／
3 持ち出し禁止《きんし》！
友達《ともだち》の様子やじゃんけんの勝ち負けなど、このレク中のことはレクが終わったら話しません。

→３つの基本《きほん》ルールについては、P. 3 を見ましょう。

⑩ ★ねらい★
きもちを解放《かいほう》させよう！

鳴き声集まり

説明《せつめい》スライドは
こちらから
⬇

どんなレク？

鳴き声をたよりに、同じ動物になっている友達《ともだち》を探《さが》しましょう。最後《さいご》は動物ごとに歌合戦《うたがっせん》！　大きな鳴き声で歌いましょう。

☞スライド①

1班《はん》4～5人

15分くらい

準備《じゅんび》あり

広場や校庭

使うもの

★ P.49のシート
…班《はん》の数分

準備《じゅんび》

★ P.49のシートを1枚《まい》コピーします。その内、4～5種《しゅ》類《るい》の動物を選《えら》んで印《しるし》をつけ、さらに班《はん》の数分をコピーします。

☞スライド②

あそびかた

4～5人の班《はん》をつくり、レク係がシートを配ります。班《はん》のみんなは、配られたシートに印《しるし》がある動物の鳴き声を、大きな声に出してみます。**☆ たとえばこんな感じです。**

それぞれどの動物になるか、話し合って決めます。シートはレク係が回収《かいしゅう》します。

レク係の「スタート！」の合図で、動物の声で鳴きながら、別《べつ》の班《はん》の同じ動物の人を探《さが》しに行きましょう。

動物ごとに集まったら、レク係の指示《しじ》に従《したが》って、集まったグループごとに声をそろえて順番《じゅんばん》に鳴きます。**☆ たとえばこんな感じです。**

今度はレク係が指名したグループが『アルプス一万尺《じゃく》』をそれぞれの鳴き声で歌いましょう。また、歌の途中《とちゅう》でレク係が別《べつ》のグループを指名します。指名されたグループの人たちは、続《つづ》きを自分たちの鳴き声で歌いましょう。

「ランラララ…」のパートにきたら、全員で「ラララ」で歌います。キリのいいタイミングでレク係が「鳴き声で！」と言ったら、全員がそれぞれの鳴き声で歌いましょう。

3つの基本《きほん》ルール
スライド ルール

1 ＼心も体も！／
「暴力《ぼうりょく》」はNO！
人によって態度《たいど》を変《か》えてはいけません。同じ鳴き声の人はすすんでさそいましょう。

2 ＼無理《むり》なく楽しもう／
パスしてもOK！
やりたくない場合は、見学したり、「ラララ」の部分だけ歌ったりしても OK です。

3 ＼ほかで話さない！／
持ち出し禁止《きんし》！
友達《ともだち》の様子や歌い方など、このレク中のことはレクが終わったら話しません。

→3つの基本《きほん》ルールについては、P. 3を見ましょう。

11 ★ねらい★ きもちを解放《かいほう》させよう！

シュウマイじゃんけん

どんなレク？

説明《せつめい》スライドはこちらから
⬇

グーチョキパーをシュウマイの材料《ざいりょう》に見立てて、あいこでシュウマイを完成《かんせい》させましょう。「あれがない！」「これがない！」と、ついつい夢中《むちゅう》になります。

スライド①

1班《はん》3人

10分くらい

準備《じゅんび》なし

広場や教室

あそびかた

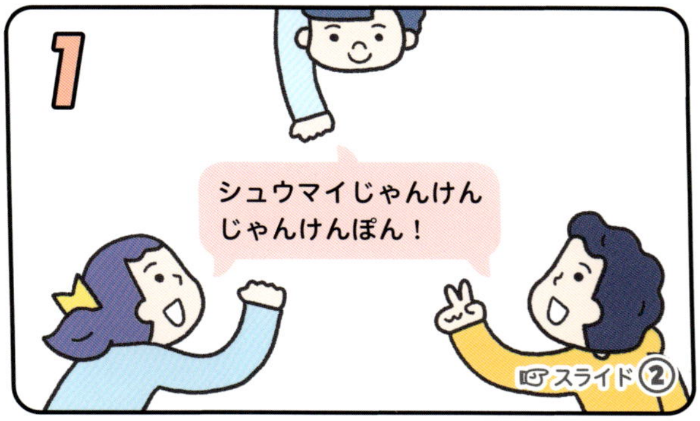

3人の班《はん》をつくります。「シュウマイじゃんけん、じゃんけんぽん！」のかけ声でじゃんけんをしましょう。

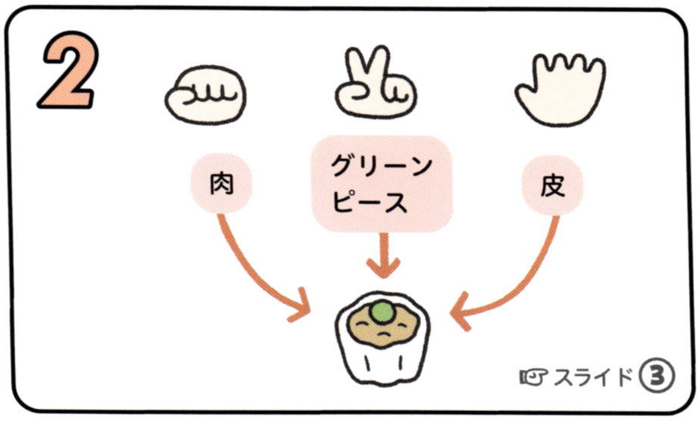

グーが肉、チョキがグリーンピース、パーが皮です。あいこになると3つの材料《ざいりょう》がそろって、シュウマイのできあがりです。

3つの手がそろってシュウマイが完成《かんせい》したら、3人で手と声をそろえて「いただきまーす！」と言って、おじぎをしましょう。

全員が同じ手を出したときは、「○○しかなーい！」と言いましょう。 ☆たとえばこんな感じです。

2人が同じ手を出したら、足りないものを言いましょう。 ☆たとえばこんな感じです。

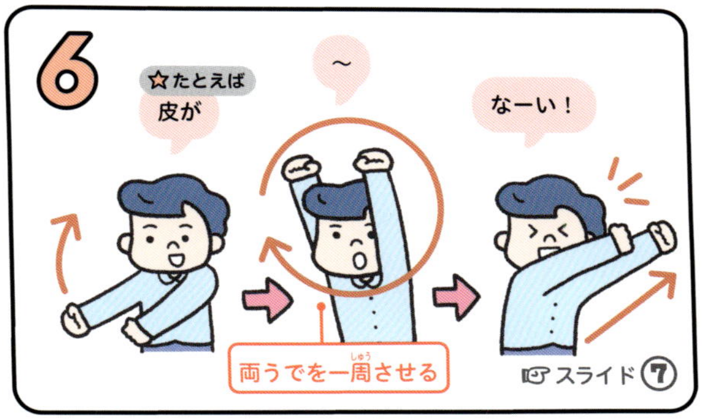

4の「○○しかなーい！」や5の「○○がなーい！」のときは、みんなで両うでを一周《しゅう》させます。 ☆たとえばこんな感じです。 1回じゃんけんしたら、班《はん》を変《か》えてちがう人とまたじゃんけんします。これをくり返します。

3つの基本《きほん》ルール
スライド ルール

＼心も体も！／
1 「暴力《ぼうりょく》」はNO！
だれとでもきもちよく班《はん》になりましょう。相手によって態度《たいど》を変《か》えてはいけません。

＼無理《むり》なく楽しもう／
2 パスしてもOK！
参加《さんか》が難《むずか》しい人は見ているだけでもOKです。

＼ほかで話さない！／
3 持ち出し禁止《きんし》！
友達《ともだち》の様子など、レク中のことは、レクが終わったら話しません。

→3つの基本《きほん》ルールについては、P.3を見ましょう。

⑫ ★ねらい★
きずなを深めよう

木の中のリス

説明《せつめい》スライドはこちらから
↓

どんなレク？

オオカミのセリフに合わせて、みんなと班《はん》を組みながら動きます。自分から班《はん》に入ったり、まわりの人をさそったり。いろいろな班《はん》をつくってみましょう。

スライド①

16人以上《いじょう》

20分くらい

準備《じゅんび》あり

広場や校庭

みんなで
ハラハラドキドキを楽しもう！

使うもの

★なし

準備《じゅんび》

★最初《さいしょ》のオオカミ役をレク係からひとり決める。

★オオカミ役以外《いがい》の人を、３人組に分ける。人数が足りない場合はオオカミ役を増《ふ》やして調整する。

スライド②

あそびかた

まずはレク係がオオカミとなります。ほかの人は3人組をつくり、3人のうち2人が手をつなぎます。この2人は木の役です。残《のこ》りのひとりはリス役として、2人の間に入ってすわります。

オオカミのセリフは3種類《しゅるい》あります。そのうち1つをオオカミは選《えら》んで言います。1つ目は ☆たとえばこんな感じです。 木の役は別《べつ》の人と木になり、別《べつ》のリスを囲《かこ》みます。オオカミもすかさずだれかと組んで木になります。このときリスは動きません。

2つ目のセリフは ☆たとえばこんな感じです。 リスはほかの木に移動《いどう》してください。オオカミも、すかさずどこかの木の間に入ってリスになります。このとき木は動きません。

3つ目のセリフは ☆たとえばこんな感じです。 こう言ったら、全員がバラバラになり、新しい3人組をつくりましょう。オオカミもすかさず3人組に入ります。だれがどの役になってもOKです。

3人組に入れなかった人が、次のオオカミです。これをくり返してあそびます。

楽しくなるコツ

オオカミになるのは1回まで

オオカミには2回以上《いじょう》はなれません。もし2回目になった場合は、そのときのいちばん近くにいるリスの人と交代し、リスの人がオオカミになります。交代しようとしたリスの人がすでにオオカミをやっていたら、別《べつ》のリスの人と交代します。

スライド コツ

3つの基本《きほん》ルール スライド ルール

1 ＼心も体も！／ **「暴力《ぼうりょく》」はNO！**
だれとでもきもちよく3人組になりましょう。相手によって態度《たいど》を変《か》えてはいけません。

2 ＼無理《むり》なく楽しもう／ **パスしてもOK！**
参加《さんか》が難《むずか》しい人は、見学してもOKです。また、途中《とちゅう》から参加《さんか》してもかまいません。

3 ＼ほかで話さない！／ **持ち出し禁止《きんし》！**
友達《ともだち》の様子など、レク中のことは、レクが終わったら話しません。

→3つの基本《きほん》ルールについては、P.3を見ましょう。

説明《せつめい》スライドは
こちらから

⑬ ★ねらい★
きずなを深めよう

もうじゅう狩《が》り

どんなレク？

もうじゅうにつかまらないように同じ文字数で集まろう！　歌とダンスをまじえてキャンプファイヤーを囲《かこ》めば、気分はまるでジャングルの探検隊《たんけんたい》！　☞スライド①

10人以上《いじょう》

15分くらい

準備《じゅんび》なし

広場や校庭

みんなで歌っておどれば
もうじゅうだって
こわくない！
もうじゅう狩《が》りに
いこーうよ！

あそびかた

全員で輪《わ》になり足ぶみをします。

足ぶみしながら、レク係がこぶしをあげて「もうじゅう狩《が》りにいこーうよ！」と言います。ほかの人はレク係のまねをします。☆たとえばこんな感じです。

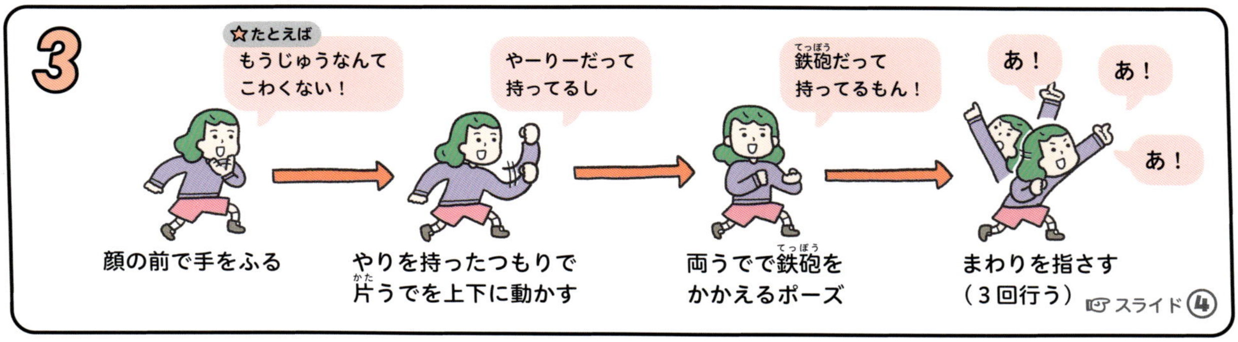

さらに、こんな風にレク係のあとに続《つづ》いてやってみましょう。☆たとえばこんな感じです。最後《さいご》にレク係が「あ！」「あ！」「あ！」と３方向を指さして止まります。ほかの人も同じようにします。

レク係が動物の名前を言います。ほかの人は、もうじゅうにつかまらないように、その動物の文字数と同じ人数で集まってすわりましょう。たとえば、「ライオン」と言ったら、４人で集まります。

必要《ひつよう》な人数が集まらなかった人たちは、レク係が応《おう》援部隊《えんぶたい》として加わり、鉄砲《てっぽう》をかまえるポーズをとってすわります。全員すわったらレク係が「みんな無《ぶ》事《じ》かー？」と聞き、みんなで「オー！」と応《こた》えます。これをくり返します。

3つの基本《きほん》ルール
スライド ルール

1 ＼心も体も！／
「暴力《ぼうりょく》」はNO！
相手によって態度《たいど》を変《か》えてはいけません。だれとでもきもちよく組になりましょう。

2 ＼無理《むり》なく楽しもう／
パスしてもOK！
参加《さんか》が難《むずか》しい人は、かけ声だけの参加《さんか》や、見学するだけでもOKです。

3 ＼ほかで話さない！／
持ち出し禁止《きんし》！
友達《ともだち》の様子など、レク中のことは、レクが終わったら話しません。

→３つの基本《きほん》ルールについては、P.３を見ましょう。

⑭ ★ねらい★ きずなを深めよう

フープ回しリレー

説明《せつめい》スライドは
こちらから

どんなレク？

みんなで輪《わ》になって手をつないだ状態《じょうたい》で、フープをくぐって一周《しゅう》させます。自分の力だけではなく、まわりの人の協力《きょうりょく》も欠《か》かせないレクです。

☞スライド①

1班《はん》8〜10人

15分くらい

準備《じゅんび》あり

広場や校庭

使うもの

★フープ
…班《はん》の数分

準備《じゅんび》

★フープを、1班《はん》に1つ配る。

☞スライド②

あそびかた

8～10人くらいで班《はん》をつくり、手をつないで輪《わ》になります。

最初《さいしょ》の人を決めます。その人の右うでにフープを通しましょう。

レク係が「スタート！」と言ったら、フープをくぐって左どなりの人にわたします。このとき、手をはなしてはいけません。

全員がフープをくぐって、最初《さいしょ》の人の右うでにフープがもどってきたら、その場にすわりましょう。一番最初《さいしょ》にフープを一周《しゅう》させた班《はん》の勝ちです。みんなで拍手《はくしゅ》をしましょう。

作戦《さくせん》タイムをはさんで、２回戦《かいせん》を行いましょう。今度は右どなりの人にフープをわたします。終わったら、メンバーを変《か》えてまたチャレンジしましょう。

楽しくなるコツ

最後《さいご》は全員で輪《わ》になろう

最後《さいご》は全員で１つの輪《わ》をつくり、フープを一周《しゅう》させます。フープは３～４つ用意し、それぞれ別《べつ》のところからスタートさせると盛《も》り上がります。

スライド コツ

3つの基本《きほん》ルール
スライド ルール

1 ＼心も体も！／
「暴力《ぼうりょく》」はNO！
うまくできない人やおそい人がいても責《せ》めてはいけません。

2 ＼無理《むり》なく楽しもう／
パスしてもOK！
参加《さんか》するのが難《むずか》しい人は見学するだけでも OK です。

3 ＼ほかで話さない！／
持ち出し禁止《きんし》！
友達《ともだち》の様子や勝敗《しょうはい》についてなど、レク中のことはレクが終わったら話しません。

→３つの基本《きほん》ルールについては、P.３を見ましょう。

15 ★ねらい★ きずなを深めよう

仲間《なかま》を見《み》つけよう

説明《せつめい》スライドはこちらから

どんなレク？

自分と同じカードを持った人を、声を出さずに見つけるレクです。カードの内容《ないよう》を身ぶり手ぶりで伝《つた》えるなど、工夫《くふう》して仲間《なかま》を探《さが》しましょう。

スライド①

ことばがなくても伝《つた》わる 喜《よろこ》びを感じよう

- 10人以上《いじょう》
- 15分くらい
- 準備《じゅんび》あり
- 広場や校庭

使うもの

★ P.49のシート
…5～6枚《まい》

★ 中身の見えないふくろや箱
…1つ

準備《じゅんび》

★ P.49のシートを参加《さんか》者の数に合わせてコピーして切り分け「動物カード」をつくる。1シートにつき12種類《しゅるい》の動物カードができるので、たとえば参加《さんか》者が60人なら、シートは5枚《まい》分コピーする。

スライド②

あそびかた

1

スライド③

レク係がカードの入ったふくろを持って回ります。ひとり1枚《まい》引きましょう。参加《さんか》者の数が多いときは、レク係が手分けして回ります。

2

スライド④

カードの絵を見ておぼえ、ポケットなどにしまいます。ほかの人に見せてはいけません。

3

スライド⑤

自分と同じ絵のカードを持った人を探《さが》します。ただし、声を出してはいけません。身ぶり手ぶりで伝《つた》え合い、仲間《なかま》を探《さが》しましょう。

楽しくなるコツ

身ぶり手ぶりは大きく！

身ぶり手ぶりを大きくすると、相手に伝《つた》わりやすくなります。はずかしがらずに、思いきり体を動かしましょう。

スライド コツ

4

スライド⑥

仲間《なかま》が集まったら、その場にすわりましょう。全員すわったら、レク係の「カード、オープン！」のかけ声で、おたがいのカードを見せ合います。

5

スライド⑦

全員同じカードだった班《はん》は「やったね！」と言いながら、バンザイしましょう。ちがうカードの人がいた班《はん》は、「どんまい！」と言います。レクが終わったら、カードはレク係が回収《かいしゅう》します。

3つの基本《きほん》ルール
スライド ルール

1 \ 心も体も！ /
「暴力《ぼうりょく》」はNO！
相手によって態度《たいど》を変《か》えてはいけません。ひとりでいる人には積極《せっきょく》的《てき》にアクションを見せましょう。

2 \ 無理《むり》なく楽しもう /
パスしてもOK！
身ぶり手ぶりが難《むずか》しいと感じたら、背中《せなか》に文字を書いて伝《つた》えてもOKです。

3 \ ほかで話さない！ /
持ち出し禁止《きんし》！
友達《ともだち》の様子や失敗《しっぱい》など、このレク中のことはレクが終わったら話しません。

→3つの基本《きほん》ルールについては、P. 3を見ましょう。

キャンプファイヤーレク よくある おなやみのQ&A

「雨が降《ふ》ってきたらどうしよう？」「暗くて説明《せつめい》が伝《つた》わる？」など
キャンプファイヤーのレクで起こりがちな、レク係の
困《こま》りごとや心配ごとを解決《かいけつ》するコツをしょうかいします！

Q レク係が安心してレクを仕切るためには？

A 必《かなら》ず3つの基本《きほん》ルールを初めに説明《せつめい》！

「3つの基本《きほん》ルール」は、レクを安心安全に実行するための大事な約束《やくそく》ごと。初めに必《かなら》ずレク係から参加《さんか》者に説明《せつめい》し、参加《さんか》者全員に理解《りかい》してもらってからレクをスタートしましょう。もし、ルールを守れない人がいたら、すぐに先生へ助けを求《もと》めてください。

Q 雨が降《ふ》ってキャンプファイヤーが中止になったら？

A 屋内でも楽しめるレクはたくさん！

この本でしょうかいしているレクは、体育館や屋内広場などでも行えるものばかりです。雨などでキャンプファイヤーが中止になった場合は、屋内でやってみましょう。ふれてはいけないもの、立入禁止《きんし》のスペースがあるなど、その場所のルールがないかを確認《かくにん》してから、レクを実行するとスムーズです。

盛《も》り上がるか不安《ふあん》……！

リハーサルで試《ため》しておこう！

レクが盛《も》り上がらない大きな理由には、準備《じゅんび》が不足《ふそく》していたり、説明《せつめい》が行きとどかなかったりすることなどが挙《あ》げられます。キャンプファイヤーやレクは必《かなら》ずリハーサルを行います。レク係は、本番の日を想定して説明《せつめい》や進行をしてみて、準備《じゅんび》は十分か、わかりにくいところがないか確認《かくにん》しましょう。

暗いので、説明《せつめい》がうまく伝《つた》わるかな？

レク係たちが各所《かくしょ》で実演《じつえん》すればOK!

キャンプファイヤーは、あたりが暗くなる夕方～夜に行われることがほとんどで、参加《さんか》者も多いので、説明《せつめい》をするレク係の姿《すがた》が参加《さんか》者から見えづらい場合があります。レク係は一か所に固《かた》まらず、ばらけて立ち、参加《さんか》者からはレク係のだれかが必《かなら》ず見えるようにしましょう。レク係は説明《せつめい》する人のことばに合わせて身ぶり手ぶりで実演《じつえん》します。レク係どうしがはなれるので、事前にしっかり説明《せつめい》の練習をしておくのがポイントです。

どんなふうに終わればいい？

しっとりした歌できもちを落ち着けよう。

レクで盛《も》り上がるのはいいことですが、参加《さんか》者たちの興奮《こうふん》がおさまらないとキャンプファイヤーが終了《しゅうりょう》できないことがあります。最後《さいご》は心を落ち着かせるように、『今日の日はさようなら』などしっとりとした曲を、みんなで合唱《がっしょう》するのがおすすめです。

☆ 指導者のみなさんへ ☆

レクリエーションを行うときに

本書は、「子どもの社会的スキル横浜プログラム（Y-P）」（以下横浜プログラム）をもとにして作成された、子どものためのレクリエーションプログラム集です。横浜プログラムは、横浜市教育委員会がいじめや不登校対策として作成したガイダンスプログラム（集団で行う生徒指導プログラム）です。子どもに年齢相応のコミュニケーション能力や問題解決能力、自分と折り合いをつける力や、安全・安心で温かな学校・学級風土づくりを集団活動（グループワーク）を通して体験的に身につけさせることを目指しています。

右の表の「ねらい」にあるように、それぞれのプログラムには明確な指導上のねらいがあります。指導者（教師）はそれを意識して集団の育成を図りますが、本来、集団の風土の醸成は指導者（教師）と構成員である子どもとの協働作業です。

そのため、本書では、子どもがそのねらいを意識して活動したり、レク係として主導したりすることによって、子ども自身に温かな集団の風土づくりの担い手となる力を育てることを目的のひとつとしました。

具体的には、横浜プログラムの基本概念である３つの基本ルール「暴力 NO」「パス OK」「持ち出し禁止」を、参加するすべての子どもたちの約束として、子どもたちに意識させ、守らせることを大前提としています。

参加するすべての子どもたちが、レクリエーション活動で安心して心を開き、仲間ときずなを深めることができるように、以下の**「安心・安全なレクリエーション実施のためのポイント」**をお読みください。また、右の表の「指導のポイント」をふまえ、子どもにすべてを任せるのではなく、指導者の適切な支援をお願いします。

安心・安全なレクリエーション実施のためのポイント

レクリエーションが、参加者の状況に適していること

子どもが選んだレクリエーションについては、すべての子どもが参加可能かどうかを吟味してください。参加が難しい子ども、傷つく子どもがいると予想される場合は、その内容ややり方を簡単にしたり量を調節したりして、できる限り全員が同じように参加できるように工夫することを助言してください。

3つの基本ルールを徹底すること

本書のレクリエーションでは、必ず、事前に「暴力NO」「パスOK」「持ち出し禁止」という「3つの基本ルール」を守ることを子どもたちと約束することとしています。守られない場合には、指導者はきちんと指摘し、守るよう伝える必要があります。レク係がコントロールできない事態になったら、指導者は毅然として活動を中止してください。

明確なインストラクション

本書には、レクリエーションのねらい、やり方（スライドと説明）、3つの基本ルールの具体（そのレクではどのようにするか）が書かれています。レク係には、スライド（絵）や実際にやって見せる（デモンストレーション）などの方法で参加者に活動内容を説明し、よく理解してもらってから始めるよう伝えてください。始める前に質問がないか、またはパスする人がいないかどうかも尋ねるようにします。

3つの基本ルールについて

1 心も体も！「暴力」は NO！

身体的な暴力はもちろんのこと、心理的な暴力として、「相手が嫌がることを言う」「否定的なことを言う」、相手が気になるような態度で「目くばせをする」などがあります。各ページの終わりにはそのレクで起こりそうなことを具体的な言葉として挙げてありますが、何がそれに当たるのかは子どもの判断では難しい場面もあります。指導者が注意深く観察してください。

2 無理なく楽しもう！パスしても OK！

子ども自身が活動に不安を感じているようなら「パス」と宣言して、その場で見ているだけで参加していることとします。見ているうちにできそうに思えたらいつでも参加してよいので、レク係や指導者がタイミングよく誘うことも大事です。「パスOK」は、「嫌なこと、できないことは無理強いされない」ことを示す安全・安心のキーワードです。それを許容する集団には、「寛容」の風土が自ずと醸成されます。

3 ほかで話さない！持ち出し禁止！

その場で起こったことはその場限りのこととして、ほかの場所では話題にしないということです。自分には楽しかったことでも、ほかの人にとっては嫌だったり不安を感じたりしたことだったかもしれません。また、心を開いた仲間だからこそ、自己開示ができたのかもしれません。この場のことはこの場限りのこととして、ほかの場やほかの人には言わないということを説明してください。

レク名	ねらい	指導のポイント
❶ リズムでセッション（P.12）	名前を呼んだり呼ばれたりしながら掛け合いをすることで、仲間意識を高める。自分のリズムを全員が打つことで、グループの仲間との一体感を高める。	グループが複数のときは、同じ楽器を使うと音が被って聞こえにくくなるので、違う楽器を使うようにする。手拍子ではなく打楽器を使い、自分がリードしているという感覚を持たせる。
❷ 言うこといっしょ！やること反対！（P.14）	かけ声をかけながらみんなで一緒に動く中で、できたり間違えたりすることを笑い合い、仲間意識をもつ。	動きの数を限定してできるようにしてから少しずつ動きの数を増やす。前後、立つ座るから始める。左右は動きが難しいので、手をつないでやった方ができるようになる。
❸ あんたがたどこさ（P.16）	歌を歌いながらみんなで同じタイミングで方向を変える中で、できたり間違えたりすることを笑い合い、一体感を高める。	最初は、歌を全員で歌いながら「さ」で拍手をする。それができるようになってから始める。最初はゆっくり足の運びを確認しながら行う。手をつないでいるので、勢いがつきすぎると転倒の危険があるため、早くなりすぎないようにする。左右でなく前後でも。
❹ いくぞバンバン（P.18）	みんなで一緒に声を上げたり、動いたりすることの楽しさを味わう。	動作にメリハリをつけることが楽しくなるコツなので、「ウ！」を強調する。レク係は盛り上がりすぎないように、速さをコントロールしながら行う。
❺ クワガタガシガシ（P.20）	声をかけあうことを通して、同じ動きをすることで一体感を味わう。	レク係が率先して大きな声、わかりやすいジェスチャーで見本を見せるようにする。2番目、3番目の「クワガタ」もレク係を指名し、レク係たちが堂々と動くことによって、参加者が安心してできる雰囲気づくりを心がける。
❻ THE 飛行石！（P.22）	タイミングを合わせることで、自然とかけ声をかけたり相手と息を合わせたり協力できるようになる。	最初は石（丸めた紙）が新聞紙から浮かないので、始める前に浮かせる練習を時間をとって行う。2人組の方が浮かせやすい。できたら、事前指導のときに練習しておく。
❼ ぴよぴよさん（P.24）	全身を使った楽しい動作を全員で行うことで、きもちを解放し、一体感を感じる。	「ぴよぴよさん、ぴよぴよさん」「なんですか」「こんなこと、こんなことできますか？」「こんなこと、こんなことできますよ！」の掛け声のタイミングが大事なので、まずは掛け声だけの練習を十分にしてから始める。リーダーの動きはリズミカルなものや動きの大きいものがよい。
❽ 落ちた落ちた（P.26）	みんなで声を合わせたり、指示を聞いて瞬時に動いたりすることを楽しむ。	動きだけでなく、かけ声も一緒にやるときは、慣れるまではレク係が率先して大きな声を出すようにするとよい。
❾ 成長じゃんけん（P.28）	じゃんけんを通して多くの人と触れ合うことの楽しさを感じる。	巣（休憩所）をつくってもよい。巣には先生がいて、魔法をかけると、たまごからヒヨコに孵化できるようにする。
❿ 鳴き声集まり（P.30）	動物の鳴き声で自分の存在を楽しくアピールする。また、同じ鳴き声の仲間を見つけてさそい、仲間づくりをする。	最初から大きな声を出せない人がいる場合があるので、レク係が率先して1つひとつの鳴き声例を示し、試しに参加者全員で大きな声を合わせる。ふだん、アピールできない子の抵抗感を少なくする。
⓫ シュウマイじゃんけん（P.32）	じゃんけんを通して多くの人と触れ合い、勝ち負けではない遊びを楽しむ。	なるべくジェスチャーを大きな振りで行うようにすることで、じゃんけんだけが目的にならないようにする。
⓬ 木の中のリス（P.34）	仲間を呼んだり呼ばれたりしながら、だれとでも分け隔てなく楽しむことができるようにする。	仲間に入れない子が出ないように、また、一部の子だけがオオカミ役を独占することがないようにオオカミになれる回数を1回に制限しておく。
⓭ もうじゅう狩り（P.36）	だれとでもすぐにグループを組み、分け隔てなく仲間づくりを楽しむ。	状況をよく見て、人数が足りないところへすぐにフォローに回れるようにする。
⓮ フープ回しリレー（P.38）	たがいに協力することの大切さやグループメンバー同士の一体感を味わう。	キャンプファイヤーを囲んで全員でする場合は、フープを複数本違う場所から入れて、一斉に同じ向きに回し始めると盛り上がる。その場合は、ゴールになるフープの色と人を決めておき、何回か行いタイムを計ると盛り上がる。
⓯ 仲間を見つけよう（P.40）	協力して仲間探しをすることで、人とのかかわりを深める。	アクションを見せられるのを待っているような子がいたら、自分のアクションを積極的に見せて、仲間かどうかを確かめるように促す。

みんながハッピー！ レクリエーションアイデア 早見表

1巻《かん》「学年・クラスレク」

ページ	番号	レク	ねらい	時間	準備《じゅんび》	人数	場所	こんなときに	どんなレク？
10	1	順番《じゅんばん》に並《なら》ぼう	自分や友達《ともだち》をしょうかいしよう！	5〜10分	有《あり》	5人以上《いじょう》	教室/体育館	学年・クラス行事/たてわり班《はん》活動/キャンプファイヤー	声を出さずに決めたテーマに沿《そ》ってみんなで順番《じゅんばん》に並《なら》びましょう。
12	2	自己《じこ》しょうかいすごろく		20分	有《あり》	1班《はん》4〜5人	教室	学年・クラス行事/たてわり班《はん》活動	すごろくで自己《じこ》しょうかい！　友達《ともだち》の意外な一面を知れるかも。
14	3	友達《ともだち》しょうかいをつなごう		15分	有《あり》	1班《はん》4〜5人	教室	学年・クラス行事/たてわり班《はん》活動/バス移動《いどう》	順番《じゅんばん》に自己《じこ》しょうかい！　前の人の自己《じこ》しょうかいもおぼえているでしょうか？
16	4	いっしょに立とう	きもちをぴったり合わせよう！	10分	有《あり》	1班《はん》2〜3人	体育館	学年・クラス行事/たてわり班《はん》活動/キャンプファイヤー	ペアの人とうでを組み、いっしょに立ち上がりましょう。
18	5	パチパチリレー		5分	無《なし》	8人以上《いじょう》	教室/体育館	学年・クラス行事/たてわり班《はん》活動/バス移動《いどう》/キャンプファイヤー	みんなでパチパチと、拍手《はくしゅ》をリレーのようにつなぎましょう！
20	6	たおさずキャッチ		20分	有《あり》	1班《はん》2人	体育館/校庭	学年・クラス行事/たてわり班《はん》活動	相手が離《はな》した棒《ぼう》を、たおれる前にキャッチ！
22	7	魔法《まほう》のじゅうたんレース		20分	有《あり》	1班《はん》3人	体育館	学年・クラス行事/たてわり班《はん》活動	アラジン役の人を新聞紙の上に乗せて運ぶレースです。
24	8	あなたからもらったものは…	仲間《なかま》を受け止めよう	10分	有《あり》	1班《はん》4〜5人	教室	学年・クラス行事/たてわり班《はん》活動	ジェスチャーで見えないものを渡《わた》します。何を渡《わた》されたか想像《そうぞう》しましょう。
26	9	ナイス！アイデア！		30〜45分	有《あり》	1班《はん》4〜5人	教室	学年・クラス行事	班《はん》のみんなで海賊《かいぞく》を説得《せっとく》するアイデアを考えましょう。
28	10	支《ささ》え合うってすてきだね		15分	無《なし》	1班《はん》5人以上《いじょう》	体育館	学年・クラス行事/キャンプファイヤー	体をいすのようにして、おたがいの体を支《ささ》えて大きな輪《わ》をつくります。
30	11	名たんていになろう	チームでまとまろう！	20分	有《あり》	1班《はん》4〜5人	教室	学年・クラス行事/たてわり班《はん》活動/バス移動《いどう》	相手が選《えら》んだキャラクターを質問《しつもん》して当ててみましょう。
32	12	じゃんけん城《しろ》くずし		20分	有《あり》	1班《はん》6人	教室/体育館	学年・クラス行事/たてわり班《はん》活動	2班《はん》に分かれてじゃんけん対決！　どんどん城《しろ》に攻《せ》め込《こ》みましょう！
34	13	オーバー・ザ・シー		30分	有《あり》	1班《はん》3〜4人	教室	学年・クラス行事	魔法《まほう》のじゅもん「オーバー・ザ・シー！」を使って都道府県《とどうふけん》の陣取《じんと》り合戦《がっせん》！
37	14	レッツ・ターン・オーバー		30分	有《あり》	1班《はん》7〜10人	体育館	学年・クラス行事/たてわり班《はん》活動	自分たちのカードを守りながら、相手のカードをどんどんひっくり返します。

2巻《かん》「たてわりレク」

ページ	番号	レク	ねらい	時間	準備《じゅんび》	人数	場所	こんなときに	どんなレク？
10	1	名刺交換《めいしこうかん》、よろしくね	ほかの学年の友達《ともだち》と知り合おう！	15分	有《あり》	1班《はん》6〜10人	教室/体育館	学年・クラス行事/たてわり班《はん》活動	名刺《めいし》を交換《こうかん》しながら、好《す》きなものを教え合います。
12	2	何が好《す》き？		25分	有《あり》	1班《はん》6〜10人	教室	学年・クラス行事/たてわり班《はん》活動	同じものが好《す》きな人が集まり、語り合います。
14	3	リズムでつなごうみんなの輪《わ》		15分	有《あり》	1班《はん》6〜10人	教室/体育館	学年・クラス行事/たてわり班《はん》活動	手やひざをリズミカルにたたきながら、名前を呼《よ》び合います。
16	4	くっつき虫	ふれあってきずなを深めよう！	15分	無《なし》	1班《はん》2人	教室/体育館	学年・クラス行事/たてわり班《はん》活動/キャンプファイヤー	2人組で体の一部をくっつけたまま動いてみましょう。
18	5	人間ちえの輪《わ》		25分	有《あり》	1班《はん》6〜10人	教室/体育館	学年・クラス行事/たてわり班《はん》活動/キャンプファイヤー	みんなで手をつないで、ちえの輪《わ》をつくります。うまくほどけるでしょうか？
20	6	勝て勝てパワーじゃんけん		20分	有《あり》	1班《はん》6〜10人	教室/体育館	学年・クラス行事/たてわり班《はん》活動/キャンプファイヤー	「勝て勝て！」とパワーを送りながら背中《せなか》をさすってじゃんけんぽん！
22	7	ギュッと団結《だんけつ》！		20分	有《あり》	1班《はん》6〜10人	教室/体育館	学年・クラス行事/たてわり班《はん》活動	1枚《まい》の新聞紙にみんなで乗って、支《ささ》え合いましょう！
24	8	この動物何だ？	相談しながら答えを見つけよう！	20分	有《あり》	1班《はん》6〜10人	教室/体育館	学年・クラス行事/たてわり班《はん》活動/キャンプファイヤー	体の動きだけで、何の動物か伝《つた》えましょう。
26	9	記憶力《きおくりょく》お絵かきゲーム		25分	有《あり》	1班《はん》6〜10人	教室/体育館	学年・クラス行事/たてわり班《はん》活動	見本の絵をおぼえて、班《はん》のみんなでリレーしながら絵を完成《かんせい》！
28	10	記念撮影《きねんさつえい》「はい、ポーズ！」		20分	有《あり》	1班《はん》6〜10人	教室/体育館	学年・クラス行事/たてわり班《はん》活動	相手の班《はん》のポーズはどこが変《か》わったでしょうか？ まちがえ探《さが》しを楽しんで。
30	11	何の音かな？		20分	有《あり》	1班《はん》6〜10人	教室	学年・クラス行事/たてわり班《はん》活動/キャンプファイヤー	音を聞いて、何の音かを相談して答えましょう。
32	12	動物歌合戦《うたがっせん》	心を合わせてもっと仲《なか》よくなろう！	10分	有《あり》	1班《はん》6〜10人	教室/体育館	学年・クラス行事/たてわり班《はん》活動/キャンプファイヤー	動物の鳴き声をまねしながら歌合戦《うたがっせん》。
34	13	サイン送りじゃんけん		15分	無《なし》	1班《はん》6〜10人	体育館	学年・クラス行事/たてわり班《はん》活動/キャンプファイヤー	仲間《なかま》だけのサインでじゃんけんの手を決めて、いざ勝負！
36	14	シュート＆キャッチ		20分	有《あり》	1班《はん》6〜10人	校庭/体育館	学年・クラス行事/たてわり班《はん》活動	ゴールマンの持っている箱に向かってボールをシュート！
38	15	円陣《えんじん》手つなぎ風船ラリー		20分	有《あり》	1班《はん》6〜8人	体育館	学年・クラス行事/たてわり班《はん》活動	輪《わ》になって手をつなぎ、風船を落とさないように打ち上げます。

このシリーズでしょうかいしているレクの一覧表《いちらんひょう》です。レクのねらい、時間、準備《じゅんび》、人数、場所、向いているタイミング、内容《ないよう》がすぐにわかるので、レクを選《えら》ぶときに活用してください。このシリーズではイベント別にレクをしょうかいしていますが、そのほかにもそのレクを楽しめる機会《きかい》があります。「こんなときに」を参考にしてください。

3巻《かん》「バスレク」

ページ	番号	レク	ねらい	時間	準備《じゅんび》	人数	場所	こんなときに	どんなレク？
10	1	命令《めいれい》ゲーム		10分	無《なし》	4人以上《いじょう》	バス/教室	学年・クラス行事/たてわり班《はん》活動/**バス移動《いどう》**/キャンプファイヤー	リーダーの指示《しじ》に合わせて動きます。まちがえないようにできるでしょうか？
12	2	Let's ぱぴぷぺぽん	失敗《しっぱい》をおそれず楽しもう	15分	有《あり》	1班《はん》 6～10人	バス/教室	学年・クラス行事/たてわり班《はん》活動/**バス移動《いどう》**/キャンプファイヤー	いろいろな歌を「ぱぴぷぺぽ」で言いかえて歌いましょう。
14	3	後出しじゃんけん		10分	無《なし》	1班《はん》 4人以上《いじょう》	バス/教室	学年・クラス行事/たてわり班《はん》活動/**バス移動《いどう》**/キャンプファイヤー	後出しなのに難《むずか》しい！　相手に負ける手を出してみましょう。
18	4	アップダウンキャッチ		10分	無《なし》	2人以上《いじょう》	バス/教室	学年・クラス行事/たてわり班《はん》活動/**バス移動《いどう》**/キャンプファイヤー	相手の指をタイミングよくぎゅっとつかまえる手あそびです。
20	5	お絵かきリモコン		20分	有《あり》	2人以上《いじょう》	バス/教室	学年・クラス行事/**バス移動《いどう》**	レク係のことばからイメージをふくらませてお絵かきをします。
22	6	お絵かきしりとり		20分	有《あり》	1班《はん》 4～8人	バス/教室	学年・クラス行事/**バス移動《いどう》**/たてわり班《はん》活動	ことばを使わず、絵をかいてしりとりをしましょう。
24	7	リズム九九遊び		10分	無《なし》	4人以上《いじょう》	バス/教室	学年・クラス行事/**バス移動《いどう》**	リズムに合わせて手やひざをたたきながら、九九をとなえます。
26	8	軍手《ぐんて》回しリレー	バスでもっと仲《なか》よく！	10分	有《あり》	1班《はん》 6人以上《いじょう》	バス/教室	学年・クラス行事/たてわり班《はん》活動/**バス移動《いどう》**	手拍子《てびょうし》しながら、軍手《ぐんて》をどんどんリレーしていきましょう。
28	9	え～！		15分	有《あり》	1班《はん》 8～10人	バス/教室	学年・クラス行事/たてわり班《はん》活動/**バス移動《いどう》**	相手がどんな状況《じょうきょう》の「え～！」を表現《ひょうげん》しているか当ててみましょう。
30	10	手拍子《てびょうし》チームワーク		5分	無《なし》	4人以上《いじょう》	バス/教室	学年・クラス行事/たてわり班《はん》活動/**バス移動《いどう》**/キャンプファイヤー	かけ声にあわせて、手拍子《てびょうし》をつないでいきます。
32	11	それは何でしょう？		20分	無《なし》	1班《はん》4人	バス/教室	学年・クラス行事/**バス移動《いどう》**/たてわり班《はん》活動	質問《しつもん》を重ねて、相手が想像《そうぞう》しているものを当てましょう。
34	12	クイズぱぴぷぺぽん		15分	有《あり》	4人以上《いじょう》	バス/教室	学年・クラス行事/たてわり班《はん》活動/**バス移動《いどう》**/キャンプファイヤー	「ぱぴぷぺぽ」で言いかえたことばを聞いて、それが何か当てましょう。
36	13	〇〇と言えば？	行事をより楽しもう！	15分	有《あり》	4人以上《いじょう》	バス/教室	学年・クラス行事/たてわり班《はん》活動/**バス移動《いどう》**	お題から連想《れんそう》するものを考えてあそびましょう。
38	14	あるの？ないの？ジャッジをどうぞ		15分	無《なし》	4人以上《いじょう》	バス/教室	学年・クラス行事/たてわり班《はん》活動/**バス移動《いどう》**/キャンプファイヤー	バスの行き先にあるものをリズムにのせて発表します。

4巻《かん》「キャンプファイヤーレク」

ページ	番号	レク	ねらい	時間	準備《じゅんび》	人数	場所	こんなときに	どんなレク？
12	1	リズムでセッション		20分	有《あり》	1班《はん》 4～5人	広場/教室	学年・クラス行事/たてわり班《はん》活動/バス移動《いどう》/**キャンプファイヤー**	ひとりがつくったリズムをみんなでまねしてリレーします。
14	2	言うことといっしょ！やること反対！		10分	無《なし》	5人以上《いじょう》	広場/校庭	学年・クラス行事/たてわり班《はん》活動/**キャンプファイヤー**	レク係のかけ声や動きに合わせて動いたり、反対に動いたりします。
16	3	あんたがたどこさ	一体感を味わおう！	15分	無《なし》	5人以上《いじょう》	広場/校庭	学年・クラス行事/たてわり班《はん》活動/**キャンプファイヤー**	みんなで輪《わ》になり、歌に合わせて、右へ左へと動きましょう。
18	4	いくぞバンバン		15分	無《なし》	5人以上《いじょう》	広場/校庭	学年・クラス行事/たてわり班《はん》活動/**キャンプファイヤー**	ふしぎなかけ声に合わせて、みんなで楽しく動きましょう。
20	5	クワガタガシガシ		15分	無《なし》	5人以上《いじょう》	広場/校庭	学年・クラス行事/たてわり班《はん》活動/**キャンプファイヤー**	みんなでクワガタになりきってみましょう。
22	6	THE 飛行石《ひこうせき》！		20分	有《あり》	1班《はん》4人	広場/校庭	学年・クラス行事/たてわり班《はん》活動/**キャンプファイヤー**	新聞紙でできた「飛行石《ひこうせき》」を新聞紙に乗せてリレーします。
24	7	ぴよぴよさん		15分	無《なし》	5人以上《いじょう》	広場/校庭	学年・クラス行事/たてわり班《はん》活動/**キャンプファイヤー**	レク係の動きをまねしてあそびましょう。
26	8	落ちた落ちた		10分	無《なし》	5人以上《いじょう》	広場/教室	学年・クラス行事/たてわり班《はん》活動/バス移動《いどう》/**キャンプファイヤー**	かけ声に合わせていろいろなものを拾うジェスチャーをしましょう。
28	9	成長《せいちょう》じゃんけん	きもちを解放《かいほう》させよう！	20分	無《なし》	6人以上《いじょう》	広場/校庭	学年・クラス行事/たてわり班《はん》活動/**キャンプファイヤー**	勝つたびに成長《せいちょう》していくじゃんけんあそびです。
30	10	鳴き声集まり		15分	有《あり》	1班《はん》 4～5人	広場/校庭	学年・クラス行事/たてわり班《はん》活動/**キャンプファイヤー**	動物になったつもりで鳴き声をたよりに仲間《なかま》を探《さが》しましょう。
32	11	シュウマイじゃんけん		10分	無《なし》	1班《はん》3人	広場/教室	学年・クラス行事/たてわり班《はん》活動/**キャンプファイヤー**	グーチョキパーを材料《ざいりょう》に見立てて、シュウマイの完成《かんせい》を目指します。
34	12	木の中のリス		20分	有《あり》	16人以上《いじょう》	広場/校庭	学年・クラス行事/たてわり班《はん》活動/**キャンプファイヤー**	木やリスになったつもりでオオカミのセリフに合わせて動きます。
36	13	もうじゅう狩《が》り	きずなを深めよう	15分	無《なし》	10人以上《いじょう》	広場/校庭	学年・クラス行事/たてわり班《はん》活動/**キャンプファイヤー**	歌とダンスをしながら、動物の名前の文字数に合わせて集まります。
38	14	フープ回しリレー		15分	有《あり》	1班《はん》 8～10人	広場/校庭	学年・クラス行事/たてわり班《はん》活動/**キャンプファイヤー**	みんなで輪《わ》になり、フラフープをくぐって一周《いっしゅう》させます。
40	15	仲間《なかま》を見つけよう		15分	有《あり》	10人以上《いじょう》	広場/校庭	学年・クラス行事/たてわり班《はん》活動/**キャンプファイヤー**	同じカードを持った人を声を出さずに見つけましょう。

11 ページ

キャンプファイヤーの思い出をまとめよう

ダウンロードは ここから ⬆

お花カード

花の色は班《はん》のなかで重ならないようにします。

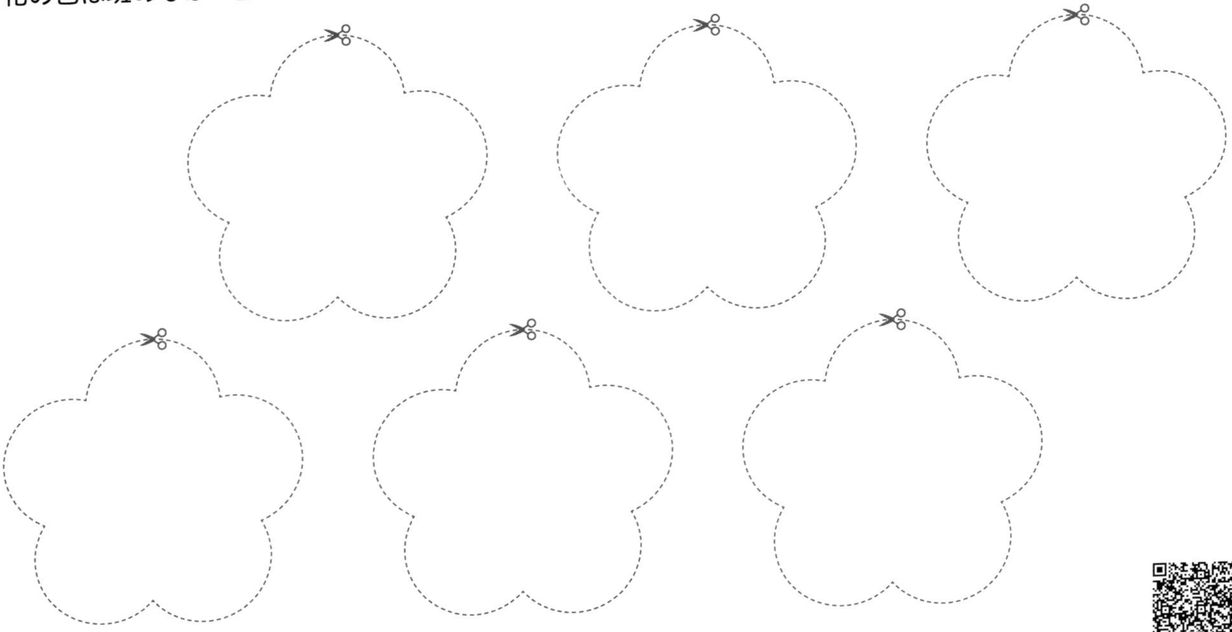

ダウンロードは ここから ⬆

台紙

ありがとうの花束

年　組

●ふりかえり

30ページ「鳴き声集まり」 40ページ「仲間《なかま》を見つけよう」 動物カード

ダウンロードはここから←

サル

ネコ

イヌ

ライオン

ウマ

ゾウ

ゴリラ

ブタ

ウシ

ネズミ

ニワトリ

カエル

★ 監修 ★

蒲《かま》地《ち》啓《けい》子《こ》（帝京大学大学院教職研究科 客員准教授）

横浜市立小学校教員、横浜市教育委員会首席指導主事、横浜市立小学校長、横浜市教育委員会人権教育・児童生徒課担当課長等を経て現職に。学級を担任せず児童指導と特別支援教育を専らにする横浜市独自の児童支援専任教諭の育成や、いじめ・不登校の未然防止策としての「子どもの社会的スキル横浜プログラム」の作成及び改訂に継続的にかかわる。公認心理師、学校心理士 。横浜市児童指導教育研究会相談役。

土《ど》井《い》 純《じゅん》（横浜市立綱島東小学校長）

横浜市立小学校教員、横浜市教育委員会主任指導主事を経て現職に。いじめ・暴力行為・発達障害・不登校、日本語指導の必要な児童生徒等、児童生徒の諸課題に対応する児童支援・生徒指導専任教諭の育成に関わる。研究論文集「生徒指導学研究」（学事出版）第22号で「生徒指導提要の目的を具現化する『子どもの社会的スキル横浜プログラム』」を執筆。横浜市児童指導教育研究会副会長。

横《よこ》浜《はま》市《し》児《じ》童《どう》指《し》導《どう》教《きょう》育《いく》研《けん》究《きゅう》会《かい》

1996年に学級経営や児童指導を学ぶ教員の研究会として発足。横浜市にて年間10回程度の研究会を開催。横浜市独自のグループアプローチ「子どもの社会的スキル横浜プログラム（横浜プログラム）」を中心に、だれもが安心して豊かに学べる授業づくり・学級づくり・学校づくりについて研究を重ねている。

表紙イラスト……トリバタケハルノブ
本文イラスト……トリバタケハルノブ
まつむらあきひろ
オカダケイコ
イラスト協力……宮原美香
デザイン……渡邊民人・森岡菜々・谷関笑子（TYPEFACE）
編集……西野 泉・小園まさみ（編集室オトナリ）
校正……文字工房燦光
取材協力……横浜市立羽沢小学校

みんながハッピー！ レクリエーションアイデア④

キャンプファイヤーレク

発　行　2025年4月　第１刷

監　修　蒲地啓子（帝京大学大学院教職研究科 客員准教授）
土井 純（横浜市立綱島東小学校長）
横浜市児童指導教育研究会

発行者　加藤裕樹
編　集　片岡陽子
発行所　株式会社ポプラ社
〒141-8210　東京都品川区西五反田3-5-8　JR目黒MARCビル12階
ホームページ　www.poplar.co.jp（ポプラ社）
kodomottolab.poplar.co.jp（こどもっとラボ）
印刷・製本　大日本印刷株式会社

ISBN 978-4-591-18495-0　N.D.C.786　49p　29cm　Printed in Japan

P7265004